Buenos Aires, 25-1-2.009.-
Argentina.

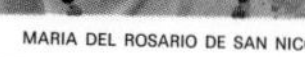
MARIA DEL ROSARIO DE SAN NICOLAS

LETRAMANÍA 4

Jugamos y escribimos en cursiva

Mi querido nietito John Patrick.
Ya a esta altura de estudios, me
tienes que escribir una cartita,
que yo esperaré con todo cariño
y sentiré mucha alegría al
recibirla.- Mamá y Papa estarán
muy felices con tus estudios, igual
la Tía Nora, Tío Patrick, Thomacito
tu querido primito y Abuelita.-

Felicitaciones!!!

Sally Johnson
Sara Inés Gómez Carrillo

Adelante con ALEGRIA Y AMOR.
SIEMPRE ESPERANZA.
Con Jesus y María
Te amo

Abuelita

INTRODUCCIÓN

¿Por qué creemos que este libro ayudará a los chicos a escribir cada día mejor y les resultará entretenido hacerlo?

• Porque el juego sigue siendo para ellos un excelente medio para el aprendizaje en esta etapa de sus vidas.

• Porque además de ejercitar la grafía de cada letra cursiva, podrán desarrollar distintas capacidades madurativas (intelectuales, lingüísticas, psicomotoras, etc.)

• Porque proponemos que, a través de las distintas actividades del libro, los chicos puedan, entre otras cosas:
- Descubrir semejanzas, diferencias, ritmos en las palabras.
- Ejercitar el deletreo y silabeo oral, lo que contribuye a la formación de su conciencia fonológica.
- Interactuar creativamente con los textos para ir avanzando en sus aprendizajes lingüísticos.
- Ejercitar lo visual, lo auditivo y lo fonológico paralelamente.
- Adquirir habilidad en la descripción y comparación de imágenes.
- Desarrollar su atención y concentración en la observación de detalles.
- Pronunciar las palabras a medida que las escriben haciendo hincapié en la buena dicción.
- Manejar el lápiz con precisión y siguiendo la dirección correcta de las letras.
- Escribir con creatividad y coherencia de ideas.
- Cuestionarse y autoevaluar sus logros.
- Valorizar el esfuerzo personal en la consecución de un objetivo.
- Apreciar los valores estéticos.
- Y todo aquello que el maestro o adulto creativo puedan agregar a las propuestas de **Letramanía 4.**

ALGUNAS RECOMENDACIONES A TENER EN CUENTA:

- Ayudar a los chicos a tomar el lápiz sin apretarlo, entre el dedo pulgar y los dedos índice y mayor.
- Verificar la correcta relajación de la muñeca.
- Insistir en el apoyo de las letras en el renglón.
- Estar atentos a que sigan la dirección adecuada en el trazo de las letras, ello les permitirá unirlas correctamente.
- Guiar verbalmente el movimiento que realiza el chico. Por ejemplo: "Apoya el lápiz en el renglón, sube derecho hasta..., vuelve por el mismo camino..., etc."
- Tener en cuenta que la letra cursiva ocupa tres espacios a diferencia de la imprenta mayúscula que ocupa un solo espacio.
- Comprobar que escriban las letras con un solo trazo, a excepción de: i · j · ñ · t · x · q
- Recordarles que traten de no levantar el lápiz hasta el final de la palabra. Los puntitos o palitos, por ejemplo el de la "t", conviene acostumbrarse a colocarlos al final.
- Para los chicos zurdos: enseñarles a tomar el lápiz a mayor altura que lo habitual en el diestro de manera que puedan ver mejor lo que escriben. Insistir con ellos en la escritura arriba-abajo, izquierda-derecha. Permitirles el cruce de letras (ej: "t") en forma inversa.
- Guiar a los chicos para que autoevalúen reflexivamente su trabajo: si lo pudieron completar con prolijidad, si se sienten satisfechos con lo logrado, si les gustó hacerlo, etc. Para motivarlos a realizar con gusto este último paso de cada actividad, se incluye en el centro del libro una plancha de calcomanías para pegar en cada página.

SUGERENCIAS PARA COMPLEMENTAR LAS PROPUESTAS DEL LIBRO:

- Modelar letras y palabras en plastilina en diferentes colores y tamaños, uniendo bien las "colitas" y "brazos" de las letras.
- Armar las palabras sobre una mesa utilizando lana o piolín. Lo interesante es trabajar sobre planos diversos y con letras de diferentes tamaños.
- Calcar palabras. Si hay dificultades motrices se puede usar una hoja de calco sobre la página del libro y repetir por calcado los ejercicios.
- Continuar siempre afianzando la noción de lateralidad (derecha-izquierda) en el propio cuerpo, en el espacio y en el plano.
- Elaborar carteles de palabras con marcadores de colores, lana, plastilina, brillantina, cola vinílica de colores, etc.
- Transcribir títulos de diarios y revistas de letra de imprenta a cursiva.

Es muy importante complementar toda la ejercitación gráfica que se realiza en el libro con actividades que ayuden a los chicos a formar su conciencia fonológica. A continuación presentamos algunas sugerencias que hacen hincapié en el desarrollo fonológico:

- Realizar juegos de **deletreo** y **silabeo oral** con las palabras que se presentan en las distintas páginas.
- Jugar a **repetir** con **buena dicción** y de **memoria** las palabras, oraciones, rimas, adivinanzas que aparecen en el libro.
- Inventar oraciones orales a partir de las propuestas de las distintas páginas y marcar con golpe de palmas o de toc-tocs la separación entre cada palabra.
- Pensar nombres de amigos, familiares, compañeros, países, lugares, etc., en las páginas donde se trabaja la cursiva mayúscula.
- Aprovechar todas las ocasiones para descripciones orales. Si el cuadernillo se hace en grupo, comparar lo que se resolvió en cada ejercicio, analizar diferencias y similitudes.
- Jugar a inventar palabras y luego definirlas.
- Usar el diccionario a partir de las palabras que son sinónimos y antónimos.
- Jugar a "definir" palabras, ilustraciones, objetos haciendo hincapié en la precisión de la definición.
- Jugar a pensar palabras: - con diferente número de letras o de sílabas.

- con una sola vocal (banana, etc.)
- con una sola consonante (alelí, etc.)
- que rimen
- etc.

- Jugar al Tuti Fruti de palabras.

- Usar nombres de compañeros, de amigos, de hermanos para hacer rimas.
  Ej.: Mi amigo Federico, nunca cierra el pico.
  A mi amiga Teresa, le encantan las milanesas.

- Inventar cadenas de palabras (ej.: rat**a** **a**nan**á** **á**rbo**l** **l**ápi**z** **z**apallo... etc.)

- Cambiar las vocales de un texto, copla, canción etc. (todo con "a", todo con "o",...)

- Escuchar, repetir en voz alta rítmicamente y memorizar coplas, poesías, trabalenguas, adivinanzas, retahílas, canciones tradicionales como éstas:

BOTÓN, BOTÓN.
Botón, botón,
de la bota botera
chiribitón,
fuera.

Hoy ya es ayer
y ayer ya es hoy,
ya llegó el día,
y hoy es hoy.

Este banco está ocupado
por un padre y un hijo;
el padre se llama Juan
y el hijo ya te lo he dicho.
(Esteban)

¿Qué es, qué es
del tamaño de una nuez;
que sube la cuesta
y no tiene pies?
(El Caracol)

El roer es mi trabajo,
el queso mi aperitivo,
el gato ha sido siempre
mi más temido enemigo.
(El Ratón)

Doy al cielo resplandores
cuando cesa de llover.
abanico de colores
que jamás podrás tener.
(El Arco Iris)

Hay un barco en el fondo de la mar,
hay un barco en el fondo de la mar,
hay un barco, hay un barco,
hay un barco en el fondo de la mar.

Hay un balde en el barco en el fondo de la mar,
hay un balde en el barco en el fondo de la mar,
hay un balde, hay un balde,
hay un balde en el barco en el fondo de la mar.

Hay un palo en el balde en el barco en el fondo de la mar,...

Hay *una bandera* en el palo en el balde en el barco en el fondo de la mar, ... etc.

Erre con erre guitarra,
erre con erre carril,
qué rápido corren los carros
los carros del ferrocarril.

Quien poca capa compra
poca capa paga,
como poca capa compró
poca capa pagó.

María Chucena techaba su choza
y un techador que por ahí pasaba le dijo:
- María Chucena,
¿techas tu choza o techas la ajena?
- No techo mi choza ni techo la ajena,
techo la choza de María Chucena.

Sal de ahí chivita, chivita
Sal de ahí, de ese lugar. *(dos veces)*
Hay que llamar al **lobo**
para que saque a la **chiva**.
El **lobo** no quiere sacar a la **chiva**
la **chiva** no quiere salir de ahí.

Sal de ahí... *(una vez)*
Hay que llamar al **palo**
para que le pegue al **lobo**.
El **palo** no quiere pegarle al **lobo**
el **lobo** no quiere sacar a la chiva
la **chiva** no quiere salir de ahí.

Sal de ahí... *(una vez)*

... llamar al fuego... que queme al palo...
Sal de ahí... *(una vez)*

... llamar al agua... que apague al fuego...
Sal de ahí... *(una vez)*

... llamar a la vaca... que se tome el agua...
Sal de ahí... *(una vez)*

... llamar al león... que se coma la vaca...
Sal de ahí... *(una vez)*

... llamar al domador... que dome al león...
Sal de ahí... *(una vez)*

... llamar a la abuela... que rete al domador,
Sal de ahí..., etc.
Sal de ahí... *(una vez)*

Sal de ahí chivita, chivita
Sal de ahí, de ese lugar.

Si Pancha plancha
con cuatro planchas,
¿con cuántas planchas
Pancha plancha?

Yo me llamo:
(coloca aquí tu foto o dibújate)

¡LLEGASTE A LA CASA DE LAS LETRAS!

- ¿PUEDES ENCONTRAR TODAS LAS LETRAS DEL ABECEDARIO? UNA PISTA: SON 27.
- DELINÉALAS Y REPITE EN VOZ ALTA EL NOMBRE Y EL SONIDO DE CADA UNA.

UN SUEÑO CON LETRAS DE COLORES

- OBSERVA Y DELINEA CON COLOR ROJO LAS LETRAS CURSIVAS Y CON VERDE LAS LETRAS DE IMPRENTA.
- COLOREA.

- UNE CON UNA LÍNEA DE PUNTOS SIGUIENDO EL ORDEN ALFABÉTICO.
- ¿QUÉ DIBUJASTE? ____

¡EMPIEZA EL PARTIDO!

- DELINEA CON UN COLOR EL EQUIPO DE LETRAS ALTAS.
- DELINEA CON OTRO COLOR EL EQUIPO DE LETRAS QUE CUELGAN DEL RENGLÓN.
- COLOREA LAS CAMISETAS DE AMBOS EQUIPOS.
- ESCRIBE DEBAJO CON QUÉ LETRAS SE FORMA CADA EQUIPO.

A:	B:

- COMPLETA CADA GUSANO CON LAS LETRAS DEL ABECEDARIO QUE FALTAN.
- LEE EN VOZ ALTA EL ABECEDARIO COMPLETO.
- MEMORIZA EL ORDEN DE LAS LETRAS.

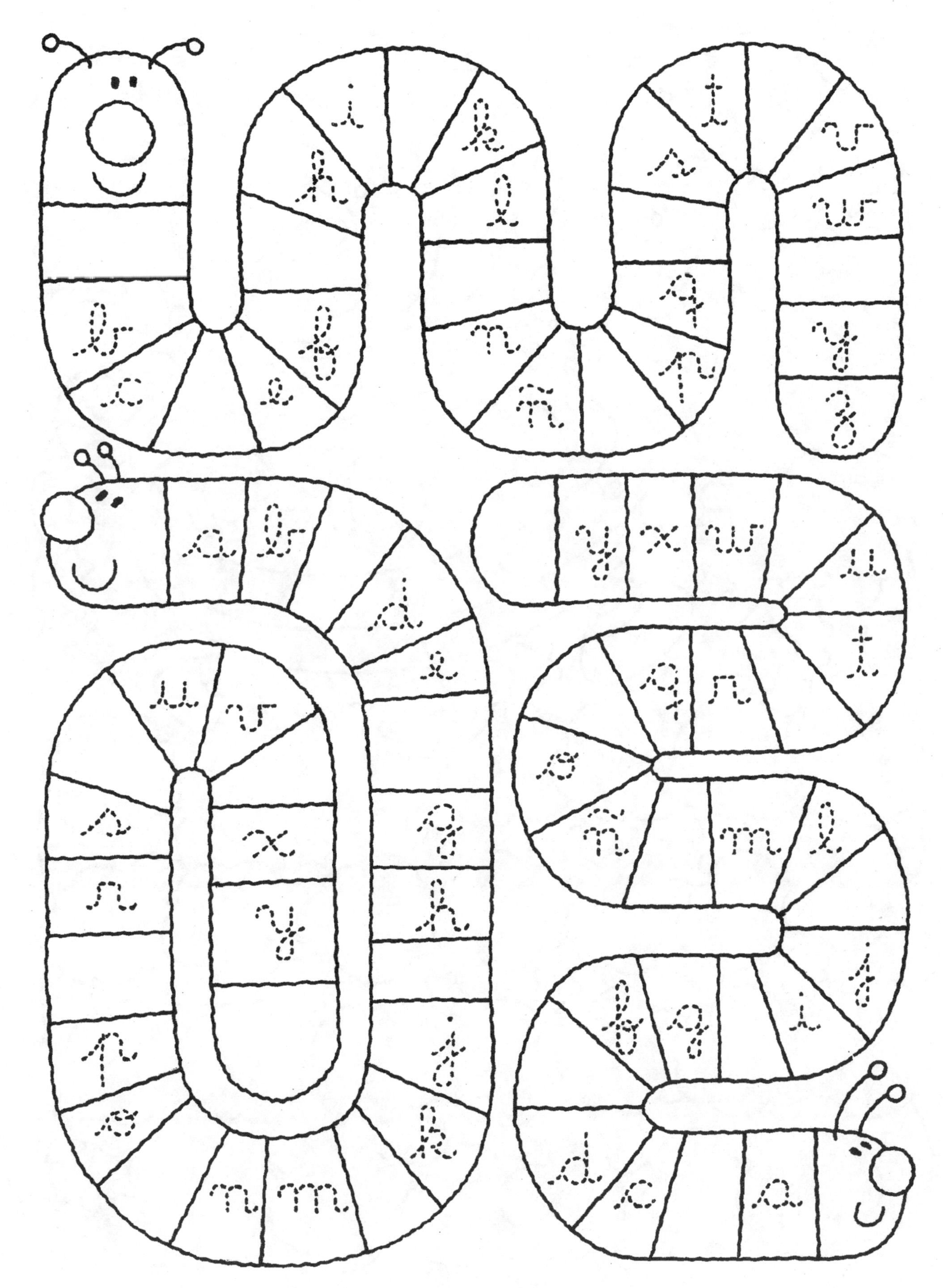

UN MARCIANO EN EL ESPACIO

- COMPLETA CADA NUBECITA CON LAS LETRAS DEL ABECEDARIO SIGUIENDO EL ORDEN ALFABÉTICO.
- ¿YA MEMORIZASTE EL ABECEDARIO?

¡UNA PESCA ESPECIAL!

- EL GATO PESCA PALABRAS CON LA "A". EL PERRO, LAS PALABRAS CON LA "O". DELINÉALAS CON DOS COLORES DIFERENTES.
- ¿QUIÉN PESCÓ MÁS PALABRAS?_______________________________

- SI ORDENAS LAS LETRAS DE LA SILUETA DE CADA OBJETO PODRÁS ESCRIBIR DEBAJO SUS NOMBRES.
- DELINEA CON COLOR LAS LETRAS Y LAS SILUETAS.
- DELETREA Y SILABEA EN VOZ ALTA CADA PALABRA ARMADA.

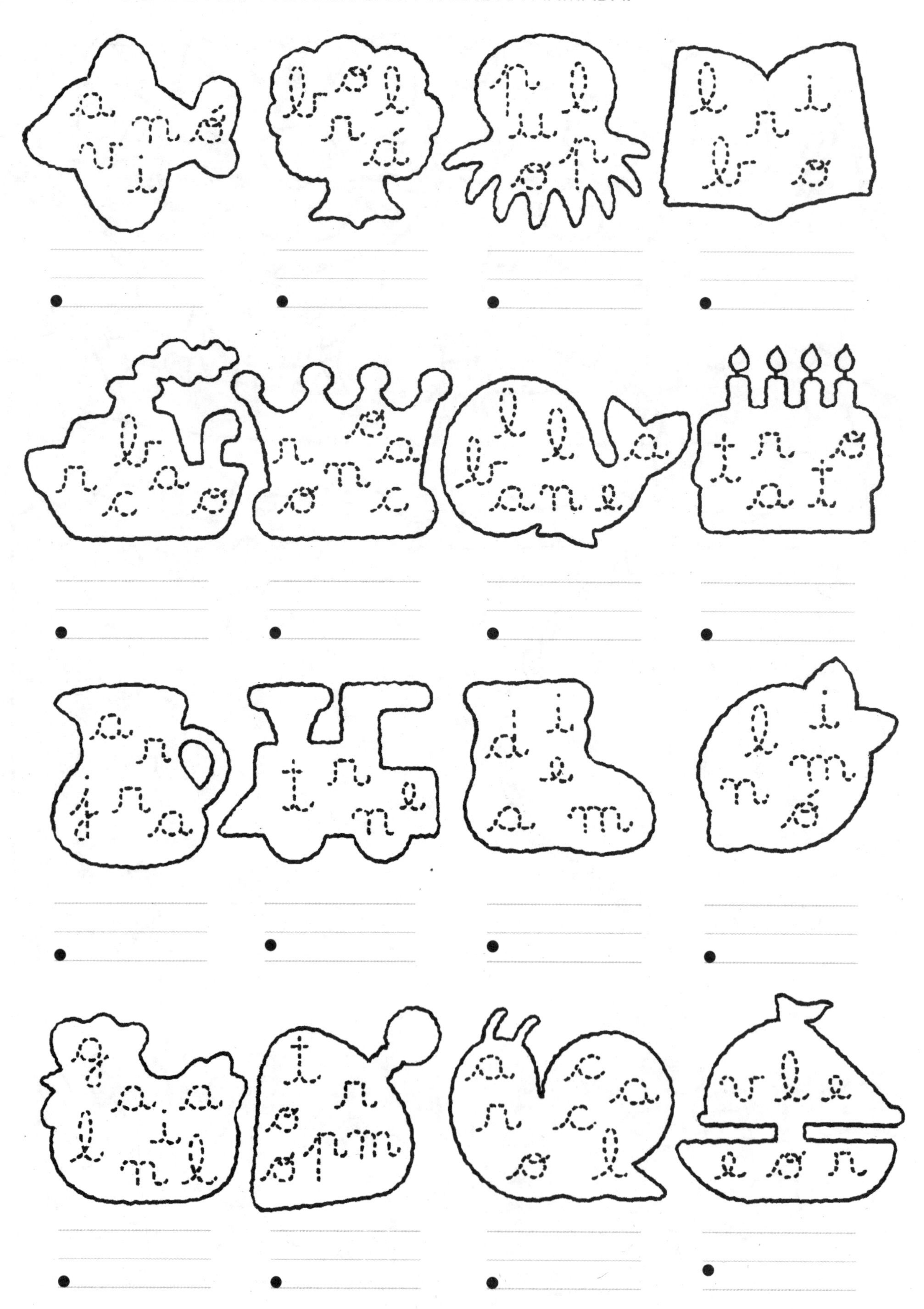

- ¡A BUSCAR LETRAS! UTILIZA UN COLOR DIFERENTE PARA DELINEAR, EN LA DIRECCIÓN CORRECTA, CADA LETRA QUE ENCUENTRES.
- SI TE ANIMAS, BÚSCALAS SIGUIENDO EL ORDEN DEL ABECEDARIO.
- A MEDIDA QUE ENCUENTRAS CADA LETRA, ESCRÍBELA EN LOS RENGLONES AL PIE DE LA PÁGINA.

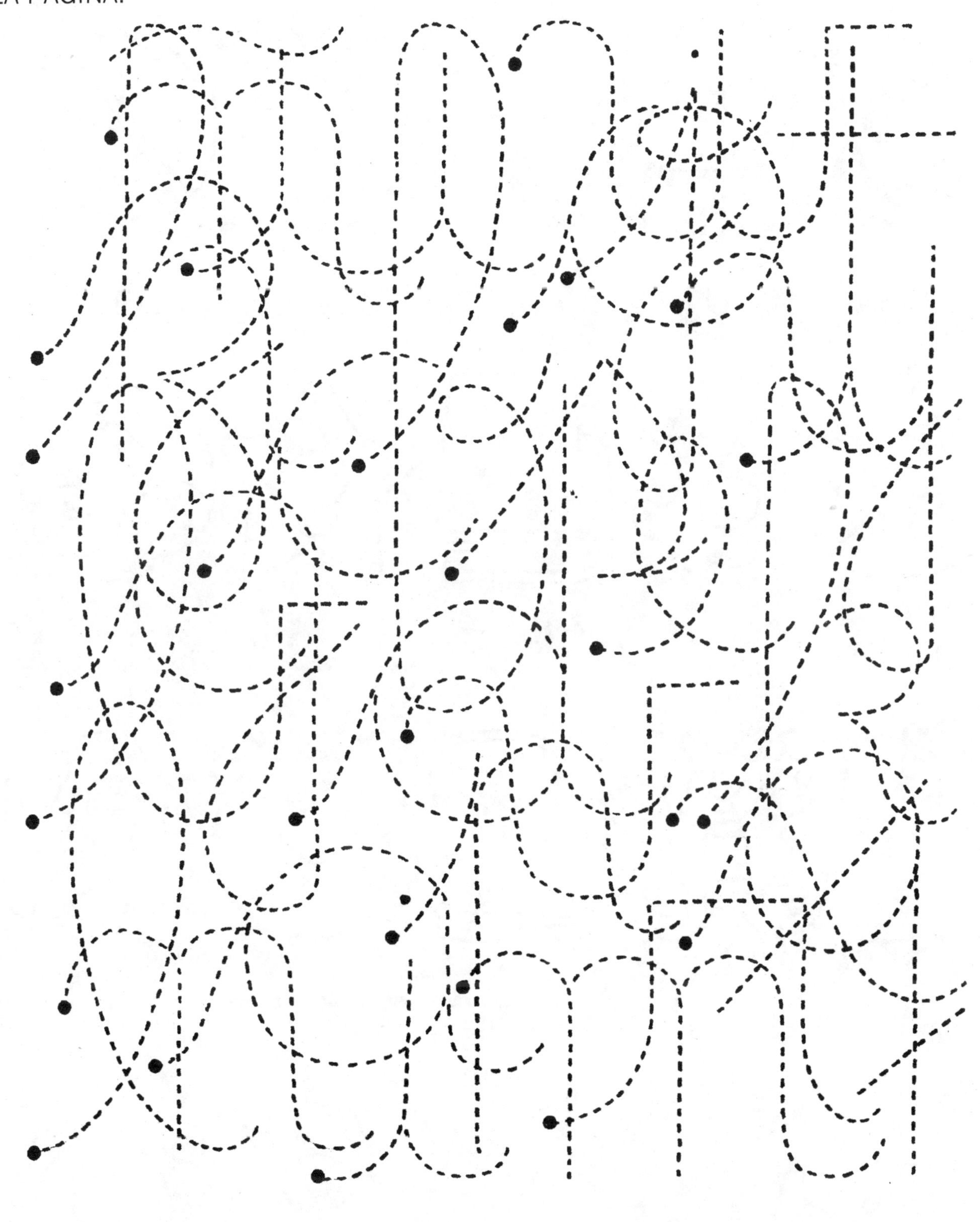

- SEPARA CON UNA LÍNEA DE COLOR UNA PALABRA DE LA OTRA.
- LEE Y DELINEA CADA PALABRA CON UN COLOR DIFERENTE.

- DELINEA Y UNE CON UNA LÍNEA EN ORDEN ALFABÉTICO TODAS LAS LETRAS QUE SALEN DE LA GALERA.
- PIENSA Y REPITE EN VOZ ALTA UNA PALABRA CON CADA LETRA INICIAL.
- COLOREA EL ZAPATO IZQUIERDO DEL MAGO.

- PIENSA Y ESCRIBE PALABRAS CUYAS LETRAS INICIAL Y FINAL SEAN LAS DE CADA BICHITO.
- ORDENA ALFABÉTICAMENTE TODAS LAS PALABRAS QUE ESCRIBISTE.

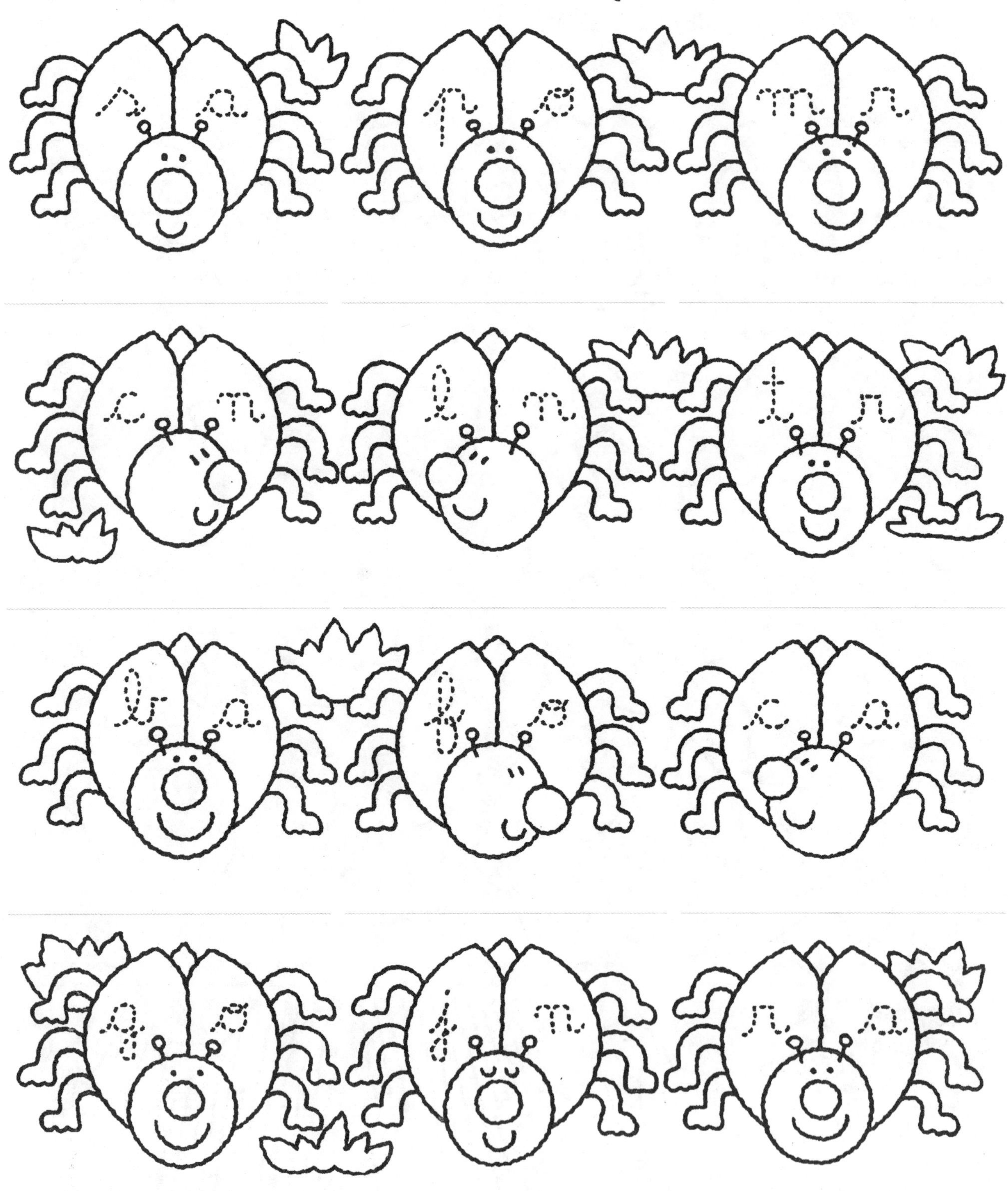

LÁPICES DE COLORES

- ENCUENTRA LAS MITADES CORRESPONDIENTES Y DESCUBRE DE QUÉ COLOR ES CADA LÁPIZ. COLORÉALOS.

- ¿QUÉ COLORES ENCONTRASTE? ______________________________

____

- ¿CUÁL ES TU COLOR FAVORITO? ______________________________

- COLOREA CADA LETRA DEL ABECEDARIO EN LA DIRECCIÓN CORRECTA.
- OBSERVA LOS DIBUJOS Y ÚNELOS CON LA LETRA INICIAL DE CADA UNO.

- DELINEA CADA PALABRA CON LÁPIZ NEGRO MIENTRAS LA REPITES EN VOZ ALTA.
- RODEA CON COLOR LA QUE CORRESPONDE AL DIBUJO.
- DELINEA CON ROJO LAS LETRAS QUE RIMAN EN CADA CUADRO.

- DESCUBRE Y ESCRIBE CADA PALABRA UNIENDO EL NOMBRE DE AMBOS DIBUJOS.
- LEE CON CORRECTA PRONUNCIACIÓN CADA PALABRA FORMADA.

¡A ENCONTRAR DIFERENCIAS!

- OBSERVA Y COMPARA AMBAS IMÁGENES.
- COLOREA LAS DIEZ DIFERENCIAS QUE ENCUENTRES.
- DEBAJO ESCRIBE LAS DIFERENCIAS QUE COLOREASTE.

¡HAY SÍLABAS COLADAS!

- DESCUBRE LA SÍLABA QUE SE COLÓ EN CADA PALABRA Y TÁCHALA CON UNA LÍNEA DE COLOR.
- ESCRIBE LA PALABRA CORRECTA DEBAJO.

- DELINEA CADA LETRA SEGÚN EL CÓDIGO DE COLORES.
- COLOREA LUEGO CADA RENGLÓN.
- ¿QUÉ FORMASTE? ESCRÍBELO EN EL RENGLÓN DE ABAJO.

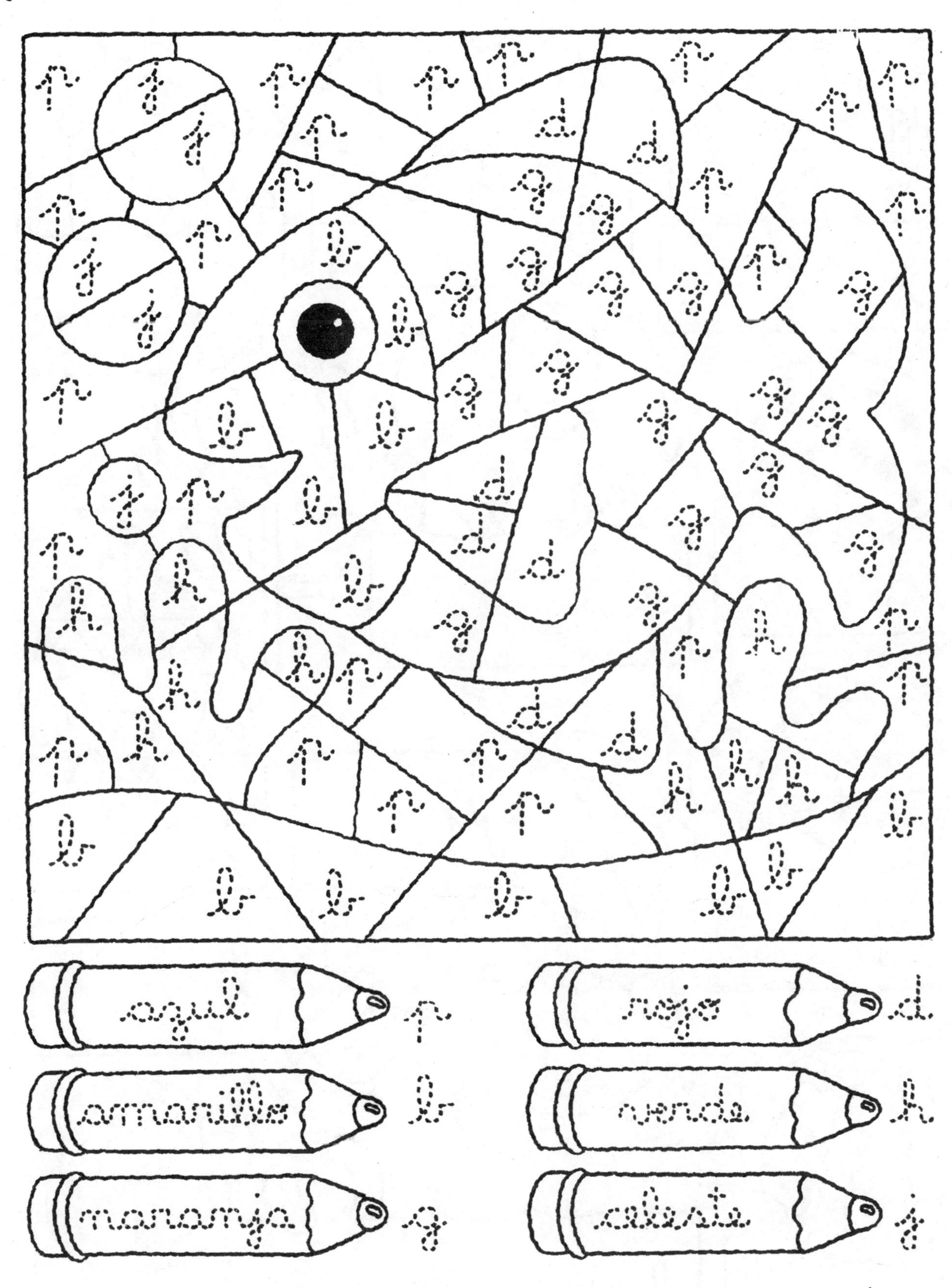

- ESCRIBE EL NOMBRE DE CADA DIBUJO CON LINDA LETRA.
- DELETREA EN VOZ ALTA CADA PALABRA ESCRITA.
- ESCRIBE LAS PALABRAS DE TRES LETRAS: ____________________

n
ñ
o
p
q
r
s
t
u
v
windsurf
x
y
z

- OBSERVA LOS DIBUJOS Y REPITE EN VOZ ALTA SUS NOMBRES MIENTRAS DELINEAS CON COLOR ROJO LAS VOCALES QUE PRONUNCIAS EN CADA PALABRA.
- COLOREA LOS OBJETOS CUYOS NOMBRES SÓLO TIENEN LA VOCAL "A".
- ¿QUÉ PALABRA TIENE TODAS LAS VOCALES? ______________________

- OBSERVA LOS DIBUJOS Y DELETREA EN VOZ ALTA SUS NOMBRES.
- LUEGO UBICA CADA PALABRA EN EL CRUCIGRAMA SEGÚN EL NÚMERO DE LETRAS CORRESPONDIENTE.
- ¡NO TE OLVIDES DE HACERLO EN LETRA CURSIVA!

- DELINEA Y UNE CON UN MISMO COLOR LAS SÍLABAS QUE FORMAN EL NOMBRE DE CADA SERVIDOR PÚBLICO.
- ESCRIBE EL NOMBRE DEBAJO DE CADA ILUSTRACIÓN.
- EN CADA ☐ COLOCA EL NÚMERO DE SÍLABAS DE LA PALABRA.

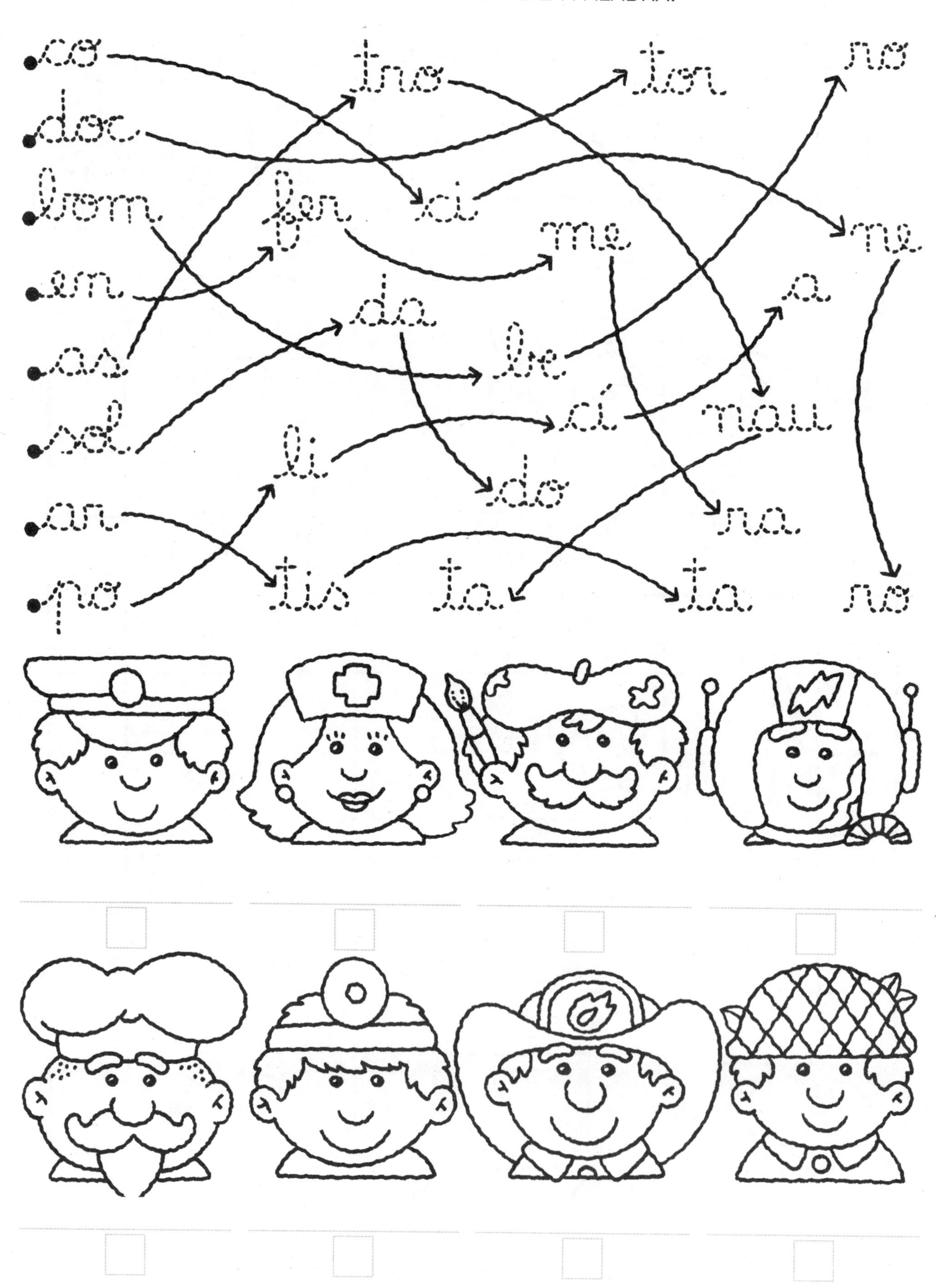

VETERINARIA "LAS MASCOTAS"

- DIBUJA LOS ANIMALES QUE FALTAN.
- ESCRIBE EN LOS CARTELES QUÉ ANIMAL ES.

- DIBUJA LAS CARAS DE ALGUNOS AMIGOS TUYOS.
- ESCRIBE SUS NOMBRES.
- DELINEA Y ESCRIBE TU NOMBRE EN EL RENGLÓN DE ABAJO.

- OBSERVA LOS DIBUJOS Y DELETREA EN VOZ ALTA SUS NOMBRES.
- LUEGO UBICA CADA PALABRA EN EL CRUCIGRAMA SEGÚN EL NÚMERO DE LETRAS CORRESPONDIENTE.
- ¡NO TE OLVIDES DE HACERLO EN LETRA CURSIVA!

- DELINEA CADA ADJETIVO CON LÁPIZ NEGRO.
- RELACIONA CON UNA LÍNEA CADA OBJETO CON EL ADJETIVO MÁS ADECUADO.
- COLOREA LAS IMÁGENES.

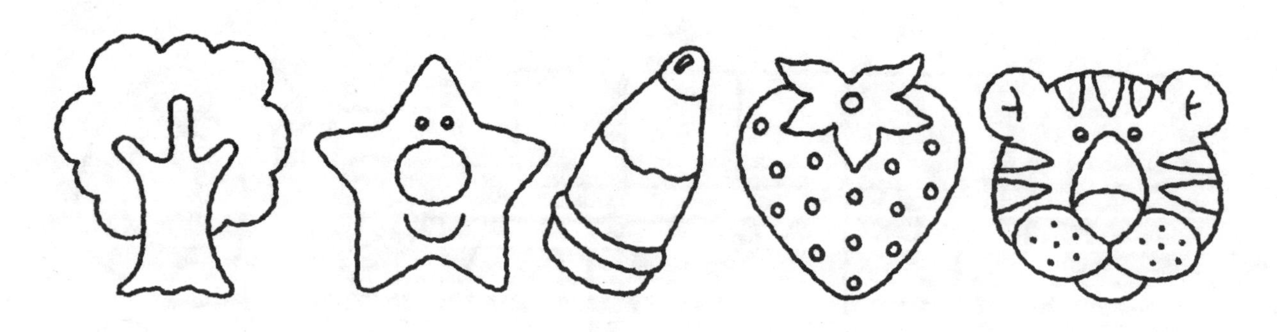

corto sabrosa salvaje frondoso brillante

filoso inquieto liviana abrigado fuerte

caliente nevada deliciosa feroz colorida

pinchudo peligrosa ácido valioso dulce

¡MM! ESTA ES UNA SABROSÍSIMA SOPA DE PALABRAS

- UTILIZA LAS PALABRAS PARA ESCRIBIR TODAS LAS ORACIONES QUE PUEDAS.
- COLOREA LA IMAGEN.

- OBSERVA LOS DIBUJOS Y DELETREA EN VOZ ALTA SUS NOMBRES.
- LUEGO ESCRIBE Y UBICA CADA PALABRA EN EL CRUCIGRAMA SEGÚN ESTÁN UBICADAS LAS "A".
- ¡NO TE OLVIDES DE HACERLO EN LETRA CURSIVA!

- DELINEA CADA PALABRA CON LÁPIZ NEGRO.
- EN CADA UNA DE ELLAS PODRÁS ENCONTRAR ESCONDIDO EL NOMBRE DE UN ANIMAL.
- DELINEA CON COLOR ROJO EL ANIMAL ENCONTRADO.
- COLOREA LOS ANIMALES.

- COLOREA CADA PRENDA DE VESTIR Y ESCRIBE SU NOMBRE.
- ¿CÓMO TE VESTISTE HOY? COMPLETA LA SILUETA CON ESA ROPA.

¡QUÉ ENREDO DE PALABRAS HICIERON LOS CHICOS!

- PARA AYUDARLOS, DELINEA LAS LETRAS DE CADA PALABRA DE UN COLOR DIFERENTE MIENTRAS LAS DELETREAS EN VOZ ALTA.
- ¿QUÉ PALABRAS SE FORMARON? ESCRÍBELAS DEBAJO.
- ¿CUÁL ES LA MÁS LARGA? RODÉALA CON COLOR.

¡A ESCRIBIR PALABRAS!

- DELINEA CON LÁPIZ NEGRO CADA PALABRA.
- SI CAMBIAS LETRAS DE LUGAR PODRÁS FORMAR OTRAS PALABRAS. DESCUBRE TODAS LAS QUE PUEDAS.

• DELINEA Y COLOREA CADA REGIÓN SEGÚN LO INDICA EL CÓDIGO DE COLORES.

trapo tenedor topo taza tío ropa tristeza radio tapa reloj robot tomate triciclo rico títere telar rama remolacha techo resorte taco tambor tigre trompo torta vaso velero tos va vía ve vestido viento tallo vela valija techo tortuga ayer asno árbol pan paz papel amor ángel puerta piso águila aro pez pelota arco pie piel peperina palabra

rojo — Palabras que comienzan con "r"

verde — Palabras que comienzan con "v"

azul — Palabras que comienzan con "p"

amarillo — Palabras que comienzan con "t"

marrón — Palabras que comienzan con "a"

¡CON MUCHA ATENCIÓN!

- AL DELINEAR CADA PALABRA TACHA SU DIBUJO CORRESPONDIENTE Y DESCUBRE QUÉ ILUSTRACIONES NO APARECEN ESCRITAS.
- ESCRÍBELAS TÚ EN LOS RENGLONES.

- ESCRIBE EL NOMBRE DE CADA OBJETO.
- LUEGO ORDENA LAS PALABRAS ALFABÉTICAMENTE EN EL RENGLÓN DE ABAJO.
- COLOREA.

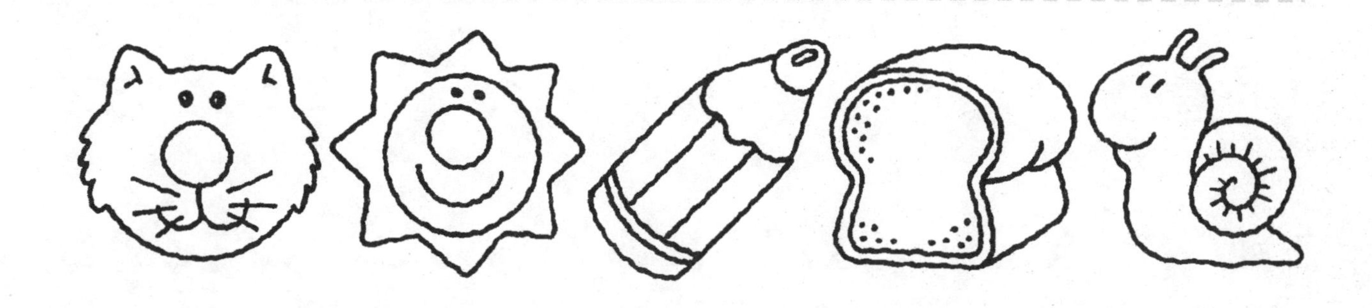

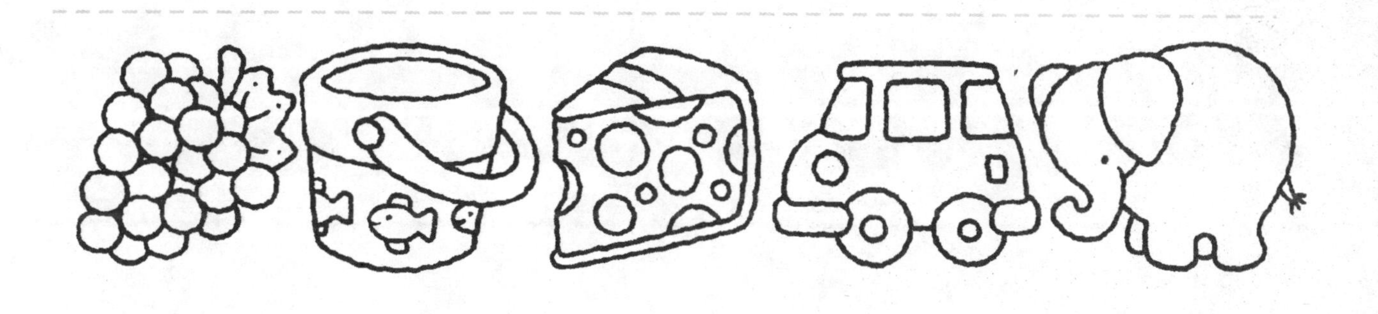

- OBSERVA LAS PALABRAS DE CADA FRANJA Y DESCUBRE CUÁLES ESTÁN FORMADAS POR LAS MISMAS LETRAS.
- DELINEA CADA PAR DE PALABRAS CON UN MISMO COLOR.

---

palta jirafa arroz borra

robar zorra plata fijará

---

tesoro besar jamón castor

monja saber costra sorteo

---

chocar tropas ocre pétalo

cero pelota charco pastor

---

carne primas pescado roca

orca cenar pecados prisma

---

duerme barca valle regala

muerde llave alegra cabra

- ¡A BUSCAR OBJETOS CUYOS NOMBRES COMIENCEN CON "T"! COLORÉALOS.
- ESCRIBE SUS NOMBRES EN LOS RENGLONES.

¿QUÉ LE DIJO? ¿QUÉ LE CONTESTÓ?

- IMAGINA Y ESCRIBE ALGO DIVERTIDO O INTERESANTE.
- COLOREA LOS PERSONAJES QUE DIALOGAN.

¡BUSCANDO PALABRAS!

- EN CADA HILERA ENCUENTRA TODAS LAS PALABRAS QUE PUEDAS Y ESCRÍBELAS SOBRE LOS RENGLONES.

pisofamiliavestidoctortugatorrelojota

campompamparosaposadamaestra

patomateteranaranjamontenedor

quesopaparededominotazapatorosal

¿CÓMO SE LLAMAN ESTOS CHICOS?

- OBSERVA Y DELINEA CON EL MISMO COLOR AMBAS PARTES DE UN MISMO NOMBRE.
- LUEGO COMPLETA EL NOMBRE DE CADA CHICO.

¡A JUGAR CON RIMAS!

- DELINEA LAS PALABRAS DE CADA RECUADRO Y COMPLETA LAS RIMAS COMO MÁS TE GUSTE.

  TE DOY UN EJEMPLO: *PEPE EL GATO*
  SE PELEA CON EL PATO.

- ENCUENTRA LOS NOMBRES DE ESTOS OBJETOS EN EL CUADRO.
- DELINEA Y RODEA CADA PALABRA CON UN COLOR DIFERENTE.
- ESCRIBE LAS PALABRAS ENCONTRADAS EN LOS RENGLONES.

es	ár	ra	co	ro	na
tre	bol	pes	fa	es	ran
lla	ve	ca	ra	col	ja
he	la	do	que	se	ra
je	pi	na	ta	me	lo
pe	ce	re	za	pa	to
ca	ra	me	lo	que	ma
sa	po	za	xi	te	te

PALABRAS ESCONDIDAS

- ENCUENTRA TRES PALABRAS ESCONDIDAS EN CADA PALABRA LARGA. ESCRÍBELAS EN LOS RENGLONES.

colador ←

limonada ←

decorosa ←

maratón ←

casados ←

crocante ←

balanza ←

velador ←

automotor ←

carcajadas ←

- ¡A OBSERVAR CON ATENCIÓN! PODRÁS DESCUBRIR UN OBJETO QUE COMIENZA CON CADA LETRA DEL ABECEDARIO.
- ESCRIBE CADA PALABRA Y COLOREA EL DIBUJO CORRESPONDIENTE.

- ¿QUÉ NOS LLEVAMOS DE VACACIONES? PREPARA TU LISTA.
- COLOREA LO QUE MÁS TE DIVIERTE LLEVAR.

- IMAGINA Y ESCRIBE LOS SONIDOS QUE ESCUCHAS DE CADA UNO.
- IMITA CADA SONIDO EN VOZ ALTA.
- COLOREA LOS QUE TE PARECE QUE PUDISTE IMITAR MEJOR.

- DELINEA LAS LETRAS DEL NOMBRE DEL DUEÑO DE CADA GATO.
- ESCRIBE EL NOMBRE EN EL RECUADRO CORRESPONDIENTE.
- DELINEA CON COLOR ROJO LA MAYÚSCULA INICIAL DE CADA NOMBRE.
- COLOREA LOS GATOS.

• ESCRIBE EL NOMBRE DE CADA OBJETO.
• SEPARA EN SÍLABAS LAS PALABRAS.
• LUEGO PIENSA Y ESCRIBE UNA PALABRA NUEVA CON CADA SÍLABA INICIAL.

¡A JUGAR AL DETECTIVE!

- OBSERVA DETENIDAMENTE ESTOS CHICOS.
- LEE CADA ORACIÓN. LUEGO NUMERA EL ☐ SEGÚN CORRESPONDA A LA DESCRIPCIÓN DE CADA UNO.

1 María tiene pelo corto y ondulado y usa aros.

2 Pedro sonríe y está despeinado.

3 Teresa es pecosa y usa trenzas.

4 Juana tiene boca chica y su pelo es largo.

5 Pablo tiene pelo ondulado y está triste.

6 Matías es pecoso y usa anteojos.

7 Juan tiene el pelo corto y es gruñón.

8 Marta tiene nariz chica y usa anteojos.

- ESCRIBE ORACIONES UTILIZANDO TODAS LAS PALABRAS QUE PUEDAS DE CADA RENGLÓN DE DIBUJOS.
- COLOREA LOS DIBUJOS QUE UTILIZASTE.

PALABRAS CRUZADAS

- COMPLETA CON LETRA CURSIVA.
- ¿QUÉ PALABRAS FORMASTE CON 5 LETRAS Y CON 8 LETRAS?

IMAGINA... HUELE, ESCUCHA, MIRA, SABOREA...
• COMPLETA CON LAS PALABRAS QUE SE TE OCURRAN EN CADA RECUADRO.

- DELINEA LAS SÍLABAS HECHIZADAS.
- ¿CUÁNTAS PALABRAS PUEDES FORMAR CON LAS SÍLABAS QUE SALIERON DEL HECHIZO? ESCRÍBELAS EN LOS RENGLONES.
- COLOREA EL DIBUJO.

- REALIZA ESTE LISTADO DE COMPRAS.
- COLOREA LO QUE MÁS TE GUSTE COMER.

• IMAGINA Y ESCRIBE EN EL CIELO EL MENSAJE QUE DEJA ANDRÉS CON SU AVIÓN.

PALABRAS QUE RIMAN

- DELINEA CON EL MISMO COLOR LAS PALABRAS QUE RIMAN Y EL CONTORNO DE LOS PECES.

- EN CADA ÁRBOL VIVE UNA "FAMILIA DE PALABRAS". ¿TE ANIMAS A COMPLETAR LOS CARTELES?
- COLOREA.

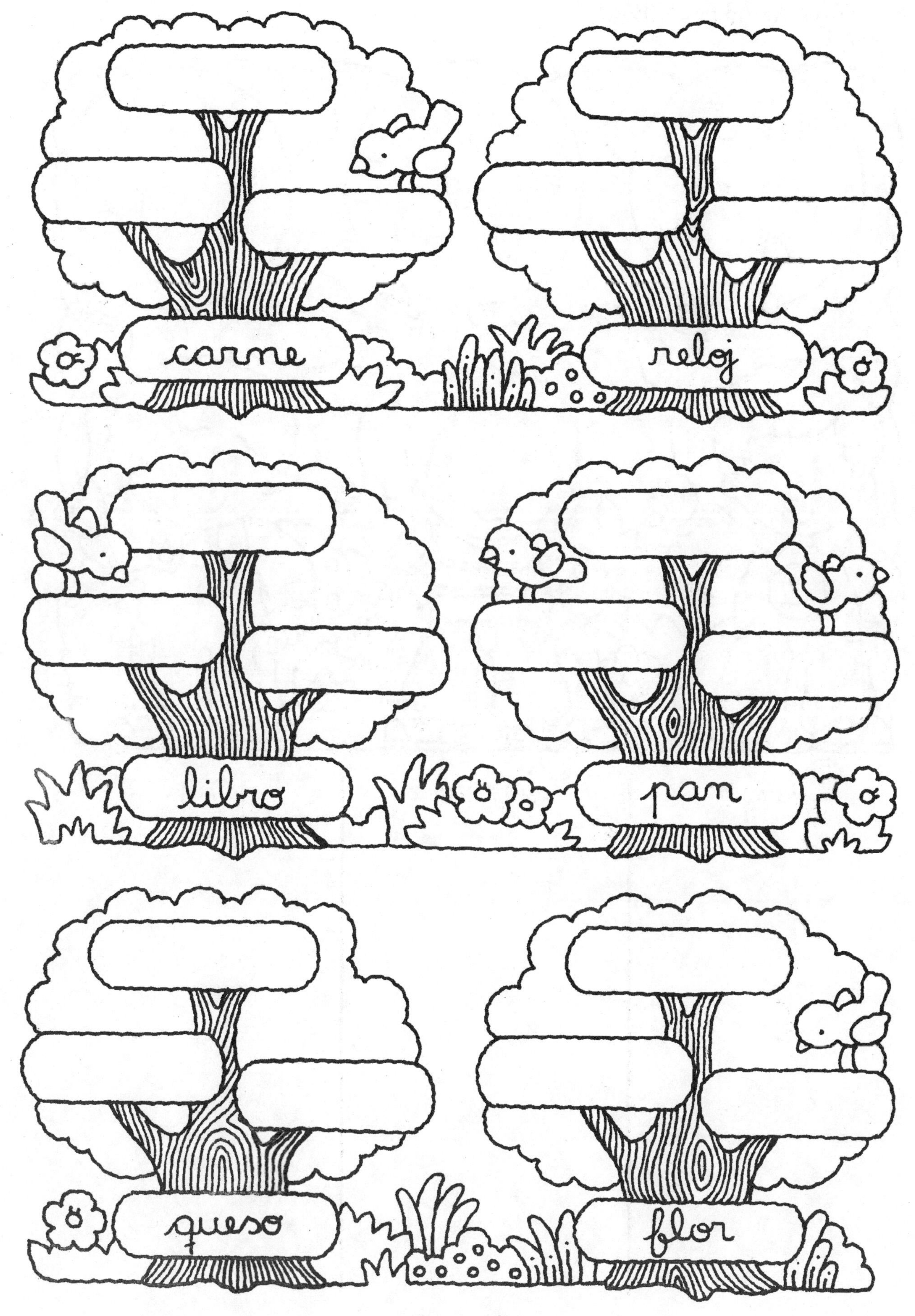

- DELINEA LAS LETRAS Y LOS NOMBRES.
- ¡A FORMAR TODAS LAS PALABRAS QUE PUEDAS CON LAS LETRAS DE LOS GLOBOS! ESCRÍBELAS EN LA COLUMNA CORRESPONDIENTE.
- ¿QUIÉN FORMÓ MÁS PALABRAS? ______________________________
- COLOREA.

- ¿CÓMO TE VES EN EL ESPEJO?
- DIBUJA TU ROSTRO Y COLOREA LA IMAGEN COMPLETA.
- ¿TE ANIMÁS A ESCRIBIR TU DESCRIPCIÓN?

ALBUM DE FOTOS

- OBSERVA Y DESCRIBE LOS PERSONAJES DE ESTAS FOTOGRAFÍAS.
- COLOREA LAS IMÁGENES.

ESTANTES DEL SUPERMERCADO

- ¿PUEDES COMPLETAR LAS ETIQUETAS DE LOS PRODUCTOS? NO TE OLVIDES DE USAR LETRA CURSIVA.
- DECÓRALAS COMO MÁS TE GUSTE.

- ¡A ESCRIBIR ORACIONES! UTILIZA TODAS LAS PALABRAS QUE PUEDAS DE CADA RENGLÓN DE DIBUJOS.
- COLOREA LOS DIBUJOS QUE UTILIZASTE EN CADA ORACIÓN.

- OBSERVA LA IMAGEN Y ENCUENTRA TODAS LAS PALABRAS QUE PUEDAS QUE COMIENZAN CON LA LETRA “P”.
- ESCRÍBELAS EN LOS RENGLONES MIENTRAS LAS REPITES EN VOZ ALTA.

¡A PENSAR RIMAS DIVERTIDAS!

- LEE, DELINEA Y COMPLETA CADA RECUADRO.

• IMITA LOS GESTOS DE ESTOS CHICOS.
• PIENSA PALABRAS Y ESCRÍBELAS EN EL LUGAR CORRESPONDIENTE.

• INVENTA UNA RECETA PARA UNA PÓCIMA MÁGICA. PRIMERO ESCRIBE LOS INGREDIENTES. LUEGO EXPLICA SU PREPARACIÓN.

ADIVINA, ADIVINADOR ...

- COPIA CON LINDA LETRA ESTAS ADIVINANZAS.
- MEMORÍZALAS.
- COLOREA LAS RESPUESTAS.

¡ANIMALES LOCOS!

- INVENTA EL NOMBRE DE CADA ANIMAL.
- LUEGO DIBUJA OTROS ANIMALES LOCOS Y ESCRÍBELES NOMBRES DIVERTIDOS.

LOS HUESOS DEL PERRO

- DELINEA TODOS LOS ADJETIVOS.
- LUEGO UBICA EN CADA HUESO LOS ADJETIVOS QUE SON SINÓNIMOS.

sencillo obeso raro vergonzoso alegre.
anciano delgado temeroso cordial rico

FICHAS DE TRABAJO

- ¿QUIÉNES SON? ¿QUÉ HACEN? AYUDA A COMPLETAR SUS FICHAS.
- COLOREA.

Nombre:
Profesión:
Actividades:

Nombre:
Profesión:
Actividades:

Nombre:
Profesión:
Actividades:

Nombre:
Profesión:
Actividades:

ESTAS ABEJAS TIENEN ALAS CON PALABRAS CONTRARIAS

- DELINEA LOS ADJETIVOS AL PIE DE LA PÁGINA.
- LUEGO UBÍCALOS EN LAS ALAS CON SU ANTÓNIMO CORRESPONDIENTE.

• ¡A PONERLE NOMBRE Y APELLIDO A TUS ÚTILES Y A LAS ETIQUETAS PARA TUS CUADERNOS! RECUERDA ESCRIBIR EN LETRA CURSIVA.

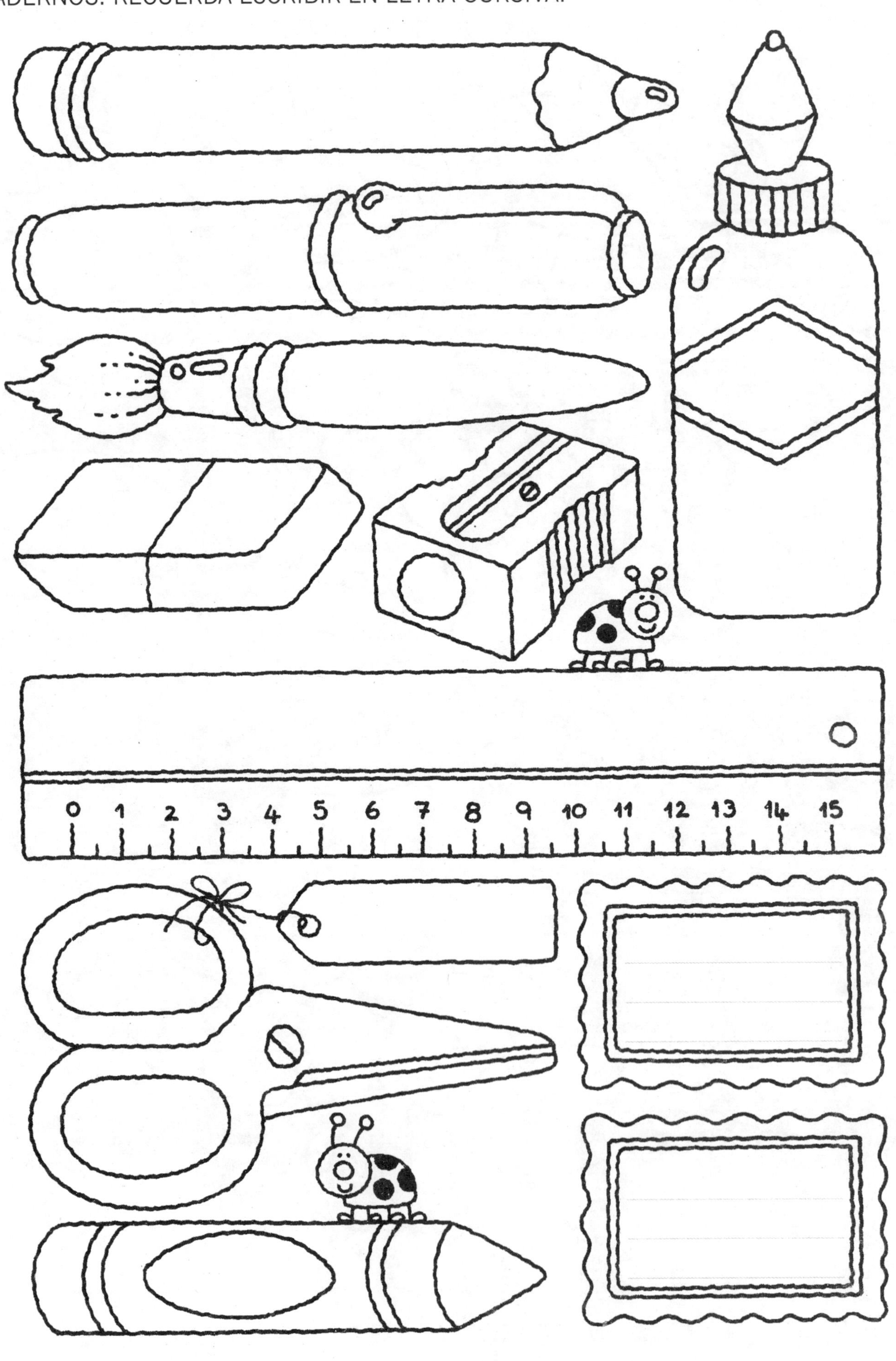

UN BREVE CUENTO PARA ESCRIBIR

- TÍTULO: "________________________________"
- PERSONAJE PRINCIPAL:________________________
- OBSERVA LOS CUADROS Y ESCRIBE UNA LINDA HISTORIA.

- COMPLETA LA FICHA DE PRESENTACIÓN DE CADA ANIMAL.
- COLOREA.

- IMAGINA, PIENSA Y CUENTA UNA HISTORIA DIVERTIDA.
- TÍTULO " ______________________________ "
- COLOREA.

• DELINEA CON PROLIJIDAD.
• INVENTA RIMAS PARA ESTOS PERSONAJES.

• SI FUERAS UN NÁUFRAGO, ¿QUÉ ESCRIBIRÍAS EN ESTA BOTELLA?

- PIENSA UN TÍTULO PARA ESTA NARRACIÓN: "____"
- OBSERVA, PIENSA EL NOMBRE DE LOS PERSONAJES Y LUEGO RELATA UNA LINDA HISTORIA.